Instruction
pour les Capitaines
du Commerce.

Te17
131

INSTRUCTION

POUR

MM. LES CAPITAINES

DU COMMERCE,

QUI N'ONT POINT DE CHIRURGIEN.

———

A NANTES,

DE L'IMPRIMERIE DE FOREST, PRÈS DE LA BOURSE.

INSTRUCTION

Rédigée pour guider MM. les Capitaines des Bâtimens du Commerce, qui partent sans Chirurgien.

LA Loi ayant déterminé le nombre d'hommes sur les bâtimens du commerce qui exige un ou plusieurs Officiers de santé, les Capitaines dont l'Équipage est au-dessous de ce nombre, doivent pouvoir donner à propos et sans danger quelques secours utiles dans les maladies qui peuvent survenir pendant la durée du voyage.

Pour les aider autant que possible dans cette tâche difficile, nous avons cru ne pouvoir mieux faire, que d'examiner séparément chacun des médicamens qui entre dans la composition du coffre, afin d'indiquer plus sûrement leur préparation, leurs doses, leurs propriétés et la manière dont ils doivent être administrés.

Nous terminons par l'examen de quelques cas particuliers de maladies, dans lesquels nous leur traçons la conduite à tenir.

Mais, avant de nous occuper ainsi des moyens de secourir l'homme malade, il nous paraît important de rappeler à MM. les Capitaines qu'on évite souvent bien des maux, en apportant tous ses soins:

1° A composer son Équipage d'hommes sains et pourvus d'une suffisante quantité de vêtemens pour qu'ils en puissent changer souvent, et surtout quand ils ont été mouillés;

2° A surveiller scrupuleusement la propreté et le renouvellement de l'air dans l'intérieur du navire;

3° A s'approvisionner de vin capable de se conserver sur mer, de biscuit qui ne se détériore pas, de salaisons fraîches et bien préparées, de riz, de bon vinaigre et autres objets; car des alimens altérés, des viandes dégoûtantes, une eau mauvaise, du vin aigre, doivent nécessairement produire des maladies très-graves parmi des hommes soumis à des travaux continuels, exposés aux intempéries de l'atmosphère, et qui, au lieu de trouver dans leurs alimens de quoi réparer leurs forces épuisées, ne prennent que des substances altérées, peu nutritives.

Ce serait un crime capital d'économiser sur la quantité et sur le prix des substances alimentaires au détriment de ceux qui doivent s'en nourrir.

C'est en ne dédaignant aucun des plus petits moyens qui pouvaient contribuer à entretenir la santé de leurs matelots et la salubrité de leurs bâtimens, que les Cook, les Lapeyrouse et tant d'autres célèbres Navigateurs sont devenus les meilleurs Médecins de leurs Équipages; qu'ils ont pu garder long-tems la mer, et parcourir, dans une même campagne, des climats opposés, sans avoir pour ainsi dire de malades.

REMÈDES EXTERNES.

Acétate de Plomb Cristallisé, ou *Sel de Saturne*.

Les Pharmaciens le remplacent ordinairement par l'acétate de plomb liquide (extrait de Saturne).

Une moyenne cuillerée de cet extrait dans une bouteille d'eau de rivière ou de pluie, avec une cuillerée d'eau-de-vie camphrée, forme ce qu'on appelle eau végéto-minérale, ou eau blanche. On s'en sert pour laver les inflammations légères, pour les entorses; sur la fin des plaies simples avec peu de gonflement sans vives douleurs; pour les brûlures; dans les cas de contusions, meurtrissures légères, etc.; on en imbibe des linges qu'on applique sur les parties souffrantes.

Alcohol Camphré, ou *Eau-de-vie Camphrée.*

Mêlé avec trois ou quatre fois autant d'eau simple ou d'eau blanche , il s'emploie à l'extérieur. On en imbibe des compresses qu'on applique sur les contusions, les meurtrissures, les entorses, et que l'on humecte de nouveau toutes les trois ou quatre heures.

Ce remède se donne aussi à l'intérieur. Dans les fièvres putrides, par exemple, que l'on reconnaît à l'abattement des forces, à l'état de la langue, qui est noire , ainsi que les lèvres et les dents. On en mettrait avec avantage une moyenne cuillerée dans un verre de décoction de quinquina , qu'on ferait avaler, par cuillerée, de deux heures en deux heures.

Emplâtre Diachilum Gommé.

Étendu sur de la peau blanche ou du linge fort , après avoir été ramolli entre les doigts ou dans de l'eau chaude, on l'applique sur les cloux, les furoncles ou autres petites tumeurs, et on le renouvelle tous les trois ou quatre jours.

Il sert, comme le taffetas d'Angleterre, à rapprocher les bords d'une plaie saignante. Pour cela, on en coupe une bande d'une certaine largeur, on tient en contact les bords de la plaie, et on place sa bande en travers, de manière qu'elle déborde également des deux côtés : si la plaie est large , on en met plusieurs les unes auprès des autres , en ayant soin de laisser un petit intervalle , entr'elles.

Emplâtre de Vigo cum Mercurio et Emplâtre de Cigüe.

Étendus de la même manière que le précédent , ils s'appliquent l'un et l'autre sur les tumeurs, les engorgemens des glandes que l'on veut résoudre , soit aux aines , soit aux aisselle, observant de les renouveler de tems en tems.

Emplâtre Vésicatoire.

Il s'étend sur de la toile forte ou de la peau blanche , et on le saupoudre de mouches cantharides. A défaut de cet emplâtre, on pourrait prendre du levain de boulanger , et le saupoudrer également de cantharides. On donne une étendue plus ou moins grande à cet emplâtre , suivant le cas pour lequel on l'emploie. Il peut s'appliquer sur presque toutes les parties du corps , et on le lève au bout de vingt-quatre heures. Ce topique agit d'une manière très-efficace dans bien des cas : lorsqu'il s'agit , par exemple , de faire cesser le délire , le transport au cervau, il se met alors, ou à la nuque , ou aux jambes ; un point de côté , sur le lieu-même de la douleur; un vomissement opiniâtre , etc. , sur le creux de l'estomac; dans les fièvre putrides et malignes, etc., il s'applique aux jambes. Après avoir levé le vésicatoire , on le panse avec du linge ou du papier brouillard enduit de sain doux d'abord, puis d'onguent jaune ou d'onguent suppuratif.

Les sinapismes s'emploient avec succès dans les mêmes cas que le vésicatoire : leur effet est même plus prompt, mais moins durable.

On les fait, en mêlant dans un cataplasme de mie de pain ou dans une certaine quantité de levain de boulanger une bonne cuillerée de poudre de moutarde. On les laisse en place trois ou quatre heures , et on les réapplique au bout de deux ou trois heures, s'il est nécessaire.

Onguent Jaune.

On en étend légèrement sur du linge ou de la charpie, et on l'applique sur les plaies qui tendent à la suppuration , ou que l'on veut faire suppurer. On l'emploie aussi pour panser les vésicatoires.

Cire Jaune.

Fondue, à la dose d'un cinquième sur quatre cinquièmes d'huile , et battue ensuite , en y ajoutant peu à peu une certaine quantité d'eau, on en fait un cérat destiné à remplacer la provision du bord, lorsqu'il est épuisé. Ce cérat s'emploie sur les écorchures, les plaies simples, pour les cicatrices : il s'étend sur du linge ou sur de la charpie.

Huile d'Olives.

Deux cuillerées mêlées avec l'ammoniaque, ou alkali volatil, à la dose de trente à quarante gouttes, forment un liniment qui sert pour frotter les parties douloureuses. Avec l'éther, dans les mêmes proportions que l'ammoniaque, l'huile est employée avec succès en frictions sur le ventre, dans les cas de coliques violentes, de spames, etc. Avec quelques gouttes de laudanum, elle sert dans les douleurs d'oreille : on en introduit quelques gouttes, et on en imbibe un peu de coton. Avec la cire, comme nous l'avons dit plus haut, on en fait du cérat.

Onguent de la Mère.

L'onguent de la mère, étendu sur de la toile ou sur de la peau blanche, s'applique sur les cloux ou furoncles et autre tumeurs que l'on veut faire suppurer. Il est maturatif ; on en met gros comme un pois sur le milieu d'un emplâtre diachilum, sur les petits abcès ouverts ou qu'on veut faire suppurer.

Onguent Suppuratif ou Basilicum.

Comme son nom l'indique, il fait suppurer. On l'étend sur du papier brouillard ou sur de la toile, et on s'en sert pour panser les vésicatoires.

Pommade de Garou.

Cette pommade est destinée à panser les vésicatoires. Elle est plus active que l'onguent jaune et l'onguent basilicum, et n'a pas, comme l'onguent épispastique de Caen, dans lequel entrent les mouches cantharides, l'inconvénient d'irriter les voies urinaires.

Onguent ou *Pommade Antipsorique.*

Contre la gale : deux onces divisées en huit ou neuf doses suffisent ordinairement pour un traitement. Le malade se frotte lui-même, le soir, pendant huit ou neuf jours consécutifs, aux principales articulations, avec une dose de cette pommade.

Avant de commencer les frictions, il est convenable de le mettre à l'usage de la tisane de parelle ou patience ; de lui faire prendre une dose de poudre purgative, et, pendant quelques jours, soir et matin, la valeur d'une bonne pincée de fleur de soufre délayée dans une cuillerée de tisane. Quand on commence à se frotter, il faut éviter de se mouiller, de se mettre les mains dans l'eau froide : le moindre inconvénient qui pourrait en résulter, ce serait la répercussion de la gale. Si cela arrivait, il faudrait suspendre les frictions, et mettre le malade à l'usage d'une boisson chaude de sureau miellée, par exemple, pour

rappeler la transpiration, et par suite l'érup-
tion : les boutons reparaissant, on reprendrait
le traitement.

Dès le lendemain de la dernière friction, le
malade se lavera à l'eau chaude et se savon-
nera, pour se décrasser. Si quelques boutons
reparaissaient, on les frotterait avec un peu
d'onguent.

Pendant le traitement, on n'aura pas dû
changer de vêtemens; et, après, tout ce qui ne
pourra pas être lessivé, sera fumigé à la vapeur
du soufre, qu'on fera brûler dans une écuelle.

Dans les régions froides, il est inutile d'en-
treprendre le traitement de la gale : on doit,
autant que possible, isoler ceux qui en sont
atteints.

Onguent Mercuriel ou *Napolitain.*

Il sert à panser les ulcères vénériens, les
chancres sur les parties génitales. On le mitige
souvent avec partie égale d'onguent jaune,
ou suppuratif. On l'emploie pour détruire la
vermine de toute espèce. Avec gros de cet
onguent comme une noisette, on fait de tems
en tems une friction sur les glandes engor-
gées, aux aines, et on les recouvre ensuite
avec un emplâtre de Vigo ou de cigüe.

Poudre de Cantharides.

Nous avons suffisamment fait connaître son

emploi, en parlant de l'emplâtre vésicatoire.

Poudre Fumale de Guyton.

Cette poudre est un mélange d'oxide de manganèse et de sel marin, ou muriate de soude. Afin de moins embarrasser les coffres, les Pharmaciens ne donnent ordinairement que le manganèse, et quand on veut faire une fumigation, il suffit de mêler ensemble, dans une écuelle, deux bonnes cuillerées de sel égrugé et une moyenne cuillerée de manganèse ; d'y ajouter un peu d'eau, et de répandre peu à peu sur ce mélange la valeur d'une bonne cuillerée d'acide sulfurique, ou huile de vitriol. La personne qui fait la fumigation doit avoir la précaution de ne pas se tenir au - dessus de l'écuelle, parce que le gaz qui se dégage agace la poitrine, et provoque une toux violente. Elle doit se retirer aussitôt qu'elle a versé l'acide, et fermer autant que possible le lieu qu'elle veut parfumer.

Acide Sulfurique, ou *Huile de Vitriol.*

Il est particulièrement destiné pour les fumigations. Nous avons indiqué plus haut la manière de faire ces fumigations, en parlant de la poudre fumale de Guyton. L'acide sulfurique peut encore être employé à l'extérieur, à la dose d'environ une cuillerée à café dans un demi-verre d'eau, pour laver les ulcères blafards, c'est-à-dire, pâles et non douloureux.

Pour l'intérieur, à la dose de trente gouttes dans une pinte d'eau sucrée, il fait une limonade qui convient dans les fièvres ardentes.

Sulfate de Zinc, ou *Vitriol Blanc*.

Il n'est employé que pour l'usage extérieur, comme astringent. Il sert de collyre pour les yeux, dans les cas de rougeur des paupières sans douleurs vives, à la dose de douze grains sur un verre d'eau.

Nitrate d'Argent Fondu, ou *Pierre Infernale*.

C'est un caustique que l'on passe légèrement sur la surface des ulcères ou des plaies, lorsqu'on s'aperçoit que les chairs sont molles, sans action, et qu'elles s'élèvent au-dessus du niveau de la peau.

Baume du Commandeur.

On s'en sert pour les coupures. Après avoir laissé saigner un peu la plaie, on en rapproche les bords, et on la recouvre avec de la charpie imbibée de ce baume. On fixe avec une petite bande, et on ne lève que quatre ou cinq jours après, à moins qu'il n'y ait des élancemens qui annoncent de la suppuration. Dans ce cas, on retire la bande, et on met le doigt dans l'eau tiède, pour enlever la charpie, qu'on remplace par d'autre, sur laquelle on étend une couche bien mince d'onguent jaune. On panse une ou deux fois par jour, selon qu'il y a plus ou moins de suppuration, et on lave avec de l'eau tiède ou un peu d'eau blanche.

Eau de Rabel.

Contre les hémorrhagies. Dans le saignement du nez poussé jusqu'à la faiblesse, on en laisse tomber quarante à cinquante gouttes dans un tiers de verre d'eau fraîche, pour imbiber de la charpie et la placer dans les narines antérieures. Dans les hémorrhagies par l'anus, on acidule la tisane de riz avec cette liqueur.

Colophane et *Agaric.*

L'un et l'autre servent pour arrêter les hémorrhagies. Après les blessures, les coupures, si le sang vient en nappe de la surface de la plaie, on roule de la charpie dans la poudre de colophane, et on l'applique par petits tampons les uns sur les autres. Si le sang vient en jet d'un des points de la plaie, on coupe trois ou quatre morceaux d'agaric qu'on place sur le vaisseau ouvert, puis de la charpie, une compresse épaisse, et on maintient le tout avec une bande qu'on serre un peu fortement.

(15)
Esprit de Cochléaria.

Il est antiscorbutique. Lorsque la bouche est échauffée, on en met une cuillerée à café dans le tiers d'un verre d'eau simple ou d'eau d'orge, pour se gargariser. Quand les gencives sont gorgées, molles, saignantes, la même quantité s'emploie avec avantage dans une décoction de quinquina.

Graine de Lin, Farine de Graine de Lin, Espèces Emollientes, Têtes de Pavôts.

La décoction de graine de lin est donnée en lavement, dans les cas de constipation, de coliques: on y ajoute quelquefois une tête de pavôt. Elle peut servir en fomentation, à l'extérieur, de même que les espèces émollientes, dans les inflammations ou sur le bas-ventre, lorsqu'il est très-douloureux. La farine de graine de lin est très-efficace en cataplasme, pour amener à maturité les abcès, les dépôts, etc.

Charpie.

Son usage est suffisamment connu. On en fait des plumasseaux, c'est-à-dire, des petits tampons qu'on applique sur les plaies, les ulcères, ou secs, ou trempés dans l'eau blanche ou la décoction émolliente, ou enfin enduits de cérat ou d'un onguent quelconque.

Linge à Pansement.

Nous ne dirons rien de son usage. Il doit être divisé en compresses, c'est à-dire, en morceaux carrés qui se plient en plusieurs doubles; en morceaux plus longs, ou simples ou doubles, destinés à faire le tour des membres, et en d'autres encore suffisamment longs pour faire le tour du corps; enfin, en bandes de la largeur de deux travers de doigt et ayant plus ou moins de longueur.

Si on craint de manquer de linge, on peut, pour fixer un emplâtre vésicatoire, employer deux bandelettes de diachilum gommé de la largeur d'un demi-pouce et de trois pouces plus longues que l'emplâtre. On les place en croix par-dessus, de manière qu'elles débordent d'un pouce et demi de chaque côté.

REMÈDES INTERNES.

Orge, Chiendent, Bois de Réglisse.

L'orge, le chiendent et la réglisse servent à faire la tisane commune ou tisane ordinaire. On prend pour cela une poignée de ces substances, qu'on lave d'abord, et qu'on fait bouillir dans deux pintes d'eau, pendant

une demi-heure. Cette boisson est rafraîchis-
sante, tempérante et suffit avec un peu de
régime, dans de simples indispositions. On y
ajoute par fois un peu de vinaigre, pour la
rendre plus propre à désaltérer, s'il y a beaucoup de chaleur et de soif. Ces substances
peuvent se faire bouillir deux fois, si on
craint que la provision ne s'épuise trop tôt.

Extrait ou *Suc de Réglisse.*

Il est pectoral ; on l'emploie dans les rhumes. On en prend gros comme un pois
qu'on laisse fondre dans sa bouche. Il s'ajoute
souvent à l'orge et au chiendent, lorsqu'on
manque de bois de réglisse : seul, à la dose
d'une demi-once dans une pinte d'eau, il
remplace une tisane pectorale.

Fleurs Pectorales.

Comme leur nom l'indique, elles conviennent pour la poitrine, dans les rhumes
et les catarrhes. On les fait infuser comme
du thé ; on ajoute du miel ou du sucre à
cette infusion, et, par fois, une très-petite
quantité de vinaigre ; elle aide mieux alors
l'expectoration.

Fleurs de Tilleul.

On les donne en infusion sucrée, dans la
migraine, les palpitations, les coliques, les
mauvaises digestions : on fait avaler avant,

3

dans une cuillerée d'eau sucrée, huit à dix gouttes d'éther. On répète la même dose une ou deux heures après, si le malade n'est pas mieux.

Fleurs de Camomille.

On les fait infuser comme du thé, et on les donne pour boisson, dans les fièvres. Elles conviennent dans les coliques d'estomac, les coliques venteuses; quelquefois on y ajoute, quand les coliques sont trop violentes, huit à dix gouttes d'éther: on a soin de laisser refroidir avant, pour qu'il ne s'évapore pas. Cette infusion peut se sucrer pour la rendre plus agréable.

Fleurs de Sureau.

Leur infusion convient, comme sudorifique, dans les suppressions de transpiration, dans les toux catarrhales opiniâtres, pour favoriser l'expectoration: on y ajoute alors du miel ou du sucre.

A l'extérieur, cette même infusion est émolliente, résolutive: on l'emploie à l'aide de linges imbibés, dont on recouvre les érysipèles, les tumeurs inflammatoires.

Eau vulnéraire spiritueuse et Vulnéraires Suisses.

Elle peut être employée comme l'eau-de-vie camphrée; de plus, on peut en mettre une cuillerée à soupe dans une tasse de thé à l'eau sucrée, et faire boire ce mélange à la suite de coups reçus, de chûtes, etc.

Dans les mêmes cas, on donne de même l'infusion de vulnéraires suisses sucrée, qui convient aussi dans les coliques venteuses.

Racine de Consoude.

C'est un astringent que l'on emploie avec succès, en tisane, dans les crachemens de sang, lorsqu'il y a faiblesse du pouls, débilité générale, pâleur du visage, ainsi que dans les diarrhées et les dyssenteries, lorsqu'il n'y a ni fièvre ni douleur vive dans le bas ventre.

Racine de Patience, ou Parelle.

Elle est apéritive. On en met une demi-once ou une petite poignée par pinte de tisane, pour la gale ainsi que pour les éruptions cutanées ou de la peau.

Fleur de Soufre.

Soir et matin, on en fait prendre aux galeux une cuillerée à café, soit en bols, soit dans une cuillerée de tisane. En triturant avec une suffisante quantité d'huile du soufre et des jaunes d'œufs cuits sous la cendre, on fait une pommade qui peut remplacer la pommade antipsorique.

La fleur de soufre sert aussi pour fumiger les vêtemens des galeux.

3*

Suc de Citron.

Il s'altère promptement, à bord ; aussi doit-on le mettre dans de petites bouteilles, pour qu'il ne reste pas long-tems en vidange. On en fait une limonade agréable avec de l'eau et du sucre. Elle est antiputride, et propre à désaltérer, dans les fièvres aigües.

Le suc de citron, étendu d'eau, peut servir à laver les plaies de mauvais caractère.

Créme de Tartre.

Dans les fièvres bilieuses ou ardentes, on fait prendre de la limonade avec une cuillerée de crême de tartre et une cuillerée de miel ou de sucre dans trois chopines d'eau, qu'on fait bouillir pendant une demi-heure. Il faut, pour employer ce remède, que le malade ne tousse point, et qu'il ne souffre point de la poitrine.

Émétique, ou *Tartrate de Potasse et d'Antimoine.*

On donne l'émétique au début des fièvres dans lesquelles il y a dégoût pour les alimens, nausées ou envies de vomir, bouche mauvaise et pâteuse, langue sale et chargée, etc. Le premier jour de la maladie, il convient de faire boire abondamment de la tisane commune, le lendemain, on fait dissoudre deux grains d'émétique dans trois

verres d'eau chaude, et on les fait prendre
de demi-heure en demi-heure, le matin, à
jeun, et, par-dessus, de l'eau chaude, pour
favoriser les évacuations. Si après le premier
ou le deuxième verre, le malade a vomi
plusieurs fois, on ne lui donnera pas le
troisième. Les doses de trois grains ne seront
administrées qu'aux personnes robustes.

Quoiqu'un malade ait la bouche mauvaise,
pâteuse et amère ; quoiqu'il ait des envies
de vomir, des nausées et même des vomis-
semens, si la langue est rouge dans toute
son étendue ou seulement sur les bords; si,
sans avoir cette couleur, elle est sèche et
aride, et si le malade ne peut souffrir la moindre pression avec la main sur la région de
l'estomac, on a lieu de craindre une inflam-
mation de cet organe, et on s'abstiendra
de donner l'émétique et même l'ipécacuanha,
qui, dans ce cas, occasionneraient des accidens funestes et même la mort.

Il y a des obstacles à l'emploi de l'émétique : ce sont le crachement de sang et les
hernies ; mais, comme les hernies peuvent être
presque toujours contenues par un bandage
bien fait, on le donnera, s'il est nécessaire.

Ipécacuanha.

Ce vomitif agit beaucoup plus doucement
que l'émétique : il lui est préférable pour

les personnes faibles et délicates. On le donne aussi dans les cas de diarrhées, de dyssenterie, etc. La dose de quinze grains, doit être délayée dans un petit verre d'eau tiède, et donnée toute en une fois. On donne de l'eau tiède à boire, pour faciliter le vomissement. Les personnes plus robustes peuvent en prendre une dose plus forte.

Sulfate de Magnésie, ou *Sel d'Epsom.*

C'est un excellent purgatif qui entre, à la dose de deux ou trois gros, dans les médecines ordinaires. Seul, la dose commune est d'une bonne cuillerée à soupe ou une once, fondue dans trois verres d'eau chaude, qu'on prend successivement, de demi-heure en demi-heure, à jeun, et quelques tasses de thé à l'eau, pour en faciliter l'effet.

Manne en Sorte et *Séné.*

Afin de la mieux conserver, on ne la divise point par doses. Ce purgatif se donne rarement seul; on l'associe le plus ordinairement avec le séné et le sel d'epsom: c'est ce qu'on appelle une médecine ordinaire. On met assez volontiers une once et demie ou deux onces de manne, ce qui fait une bonne cuillerée, deux gros de séné et deux ou trois gros de sel d'epsom. On jette sur le tout une tasse d'eau bouillante, on laisse infuser toute la nuit; le lendemain, on tire au clair et on exprime le marc : on fait prendre en une seule fois, à jeun, puis on administre quelques tasses de thé léger par-dessus.

Cette médecine est plus douce que celle avec le jalap.

Rhurbarbe.

C'est un fortifiant, un amer. A titre de stomachique, on en met six à huit grains dans une cuillerée d'eau et de vin, ou dans la première cuillerée de sa soupe.

Quant on l'emploie comme purgative, on la donne à la dose de quarante à cinquante grains délayée dans un petit verre d'eau, et bien mêlée. On l'associe souvent concassée, à la dose d'un demi-gros, dans les méde-cines ordinaires, composées de manne, de séné et de sel d'epsom.

Jalap.

Il est ordinairement mis par paquets et uni à la crème de tartre, à la dose d'un demi-gros de chaque. Lorsqu'il est nécessaire de purger, qu'il n'y a ni coliques ni fiè-vre, on délaye une dose de cette poudre dans une tasse de thé, et on la fait avaler le matin, à jeun. On donne par-dessus quel-ques tasses de thé léger, pour favoriser les évacuations.

Pilules de Béloste.

Elles sont du poids de quatre grains; on les emploie comme purgatives. Dans ce cas, on en donne six ou huit en une fois, le matin, à jeun. Comme antivénériennes, dans la gonorrhée, par exemple, on en fait prendre, de deux jours l'un, deux le matin, à jeun; dans le cas de chancres, bubons, etc., deux pilules, tous les matins, observant bien soigneusement si la bouche paraît s'échauffer: dans ce cas, il faudrait en suspendre l'usage, pour y revenir dès que la bouche serait guérie. Les soins de la bouche consistent à se gargariser avec de l'eau miellée ou sucrée et un peu d'eau-de-vie.

Calomélas, ou *Proto Chlorure de Mercure.*

Il est antivénérien; mais son emploi présente trop d'inconvéniens et demande trop de précautions, pour que nous le recommandions dans ces maladies: son usage continué, même à l'extérieur, donne souvent lieu à la salivation. S'il est employé. ce doit être seulement comme purgatif vermifuge, et cela de loin en loin, de crainte qu'il n'affecte la bouche: on le donne, pour un homme à la dose de dix à douze grains.

Eau de Mer.

C'est un excellent purgatif et un fondant,

dans les cas de constipation opiniâtre, comme cela arrive souvent, au commencement d'un voyage. Un verre ou deux d'eau de mer, le matin, procurent des évacuations.

On en fait aussi des lavemens purgatifs très-bons.

Nitrate de Potasse, ou *Sel de Nitre*.

Ce sel, à petite dose, est tempérant, rafraîchissant. Lorsqu'il y a chaleur générale, difficulté pour uriner, vingt-quatre grains ou une bonne pincée de ce sel dans une pinte de décoction de graine de lin ou de tisane d'orge et de chiendent, sont très-convenables.

Dans les fièvres ardentes, on donne avec succès un mélange de nitre et de crème de tartre, à partie égale, la valeur d'une cuillerée à café de chacun, que l'on divise en six paquets, et que l'on donne de quatre heures en quatre heures, dans quelques cuillerées de tisane ou d'eau sucrée.

Quinquina.

Ce remède, un des plus importans que la Médecine emploie, sert dans les fièvres intermittentes, tierces ou quartes. Dans ces cas, après avoir fait vomir et avoir purgé une fois ou deux, suivant le besoin, on fait prendre, le matin, à jeun, le jour où il n'y a pas de fièvre, un gros de quinquina délayé dans un demi-verre d'eau, et bien mêlé; une seconde dose, pareille à la première, dans la matinée, deux heures après celle-ci; à manger, une heure après; enfin, une troisième et une quatrième doses, dans le cours de la journée sans fièvre. Trois doses seulement, dans le second jour libre, et enfin seulement une dose, dans le troisième jour sans fièvre. Pendant l'usage de ce remède, il faut s'abstenir soigneusement de laitage, crudités, salaisons et sauces épicées.

Dans les fièvres putrides, on donne avec succès la décoction de quinquina concassé à laquelle on ajoute quelquefois, comme nous l'avons dit, l'eau-de-vie camphrée. On fait bouillir pendant une bonne demi-heure une demi-once de cette écorce dans trois verres d'eau.

A titre de stomachique fortifiant, le quinquina s'administre, dans les convalescences, en infusion dans le vin rouge, à la dose de demi-once dans une chopine, qu'on laissera sur le marc pendans trois jours, et on le tirera au clair. La dose est de deux ou trois cuillerées à soupe en une fois, le matin, à jeun. Ce vin est bon à prendre dans le tems humide et chaud.

Ether Sulfurique.

Excellent remède contre les coliques venteuses, les douleurs d'estomac pour avoir trop mangé, les indigestions après que le vomissement a eu lieu, les coliques résultant de l'impression de froid et d'humidité reçue pendant qu'on avait chaud. Au début d'un accès de fièvre, lorsque le frisson est très-considérable, il se donne à la dose de quinze, vingt et même trente gouttes dans quelques cuillerées d'eau sucrée, d'infusion de camomille ou de tilleul tièdes. On peut, suivant le besoin, répéter deux ou trois fois cette dose, dans la journée. Il faut avoir la précaution de bien boucher le flacon, chaque fois qu'on l'ouvre, parce que ce remède s'évapore même à la plus faible température.

Ammoniaque Liquide, ou *Alkali Volatil*.

Comme sudorifique, on en donne cinq à six gouttes dans un tiers de verre d'eau sucrée un peu chaude, pour provoquer la transpiration, ayant soin de faire tenir au lit chaudement, et de faire boire du thé léger bien chaud.

A l'extérieur, on le fait respirer, dans les cas de longues faiblesses, lorsque le vinaigre est insuffisant. Étendu avec six fois autant d'eau, il peut s'employer au moment d'une brûlure, lorsque l'épiderme n'est point enlevée, et en arrêter les progrès. Pour cela, on imbibe des linges que l'on humecte de nouveau aussitôt qu'ils sont secs.

Mêlé avec l'huile, à la dose de trente à quarante gouttes sur deux cuillerées, il forme, comme nous l'avons dit, un liniment qui sert utilement pour frotter les jointures douloureuses, dans les rhumatisme. On a soin de couvrir la partie affectée avec un morceau d'étoffe de laine.

Camphre.

Cette substance est très-importante en Médecine. Elle est excitante, antispasmodique; elle s'emploie à l'intérieur, ou en substance, ou dissoute : nous nous bornons à ce que nous en avons dit, en parlant de l'eau-de-vie camphrée, qui s'obtient en faisant dissoudre une once de camphre dans une pinte d'eau-de-vie.

Alcohol à la Cannelle, ou Teinture de Cannelle.

On le remplace souvent par la teinture stomachique ou la teinture d'absinthe. On en donne une cuillerée à café dans un demi-verre de vin ou même dans quelques cuillerées d'eau, dans les cas de faiblesse, de défaillance, lorsque l'estomac est affaibli, et que les digestions se font mal, dans les convalescences.

Élixir de Garus.

Excellent stomachique, à la dose d'une cuillerée à soupe, dans les cas de faiblesse, de défaillance, dans les convalescences, etc.

Elixir de Longue Vie.

Dans les coliques d'estomac, on en donne une cuillerée avec deux de vin rouge, pardessus, quelques tasses d'infusion légère de camomille : lorsqu'il y a perte d'appétit, cet élixir convient, à la dose d'une petite cuillerée dans de bon vin.

Thériaque.

Dans les maux d'estomac, on en met gros comme une noisette dans deux cuillerées de vin rouge, qu'on prend en se couchant : c'est un remède qui provoque le sommeil.

Extrait Gommeux d'Opium.

Il est divisé en pilules d'un grain : c'est un remède narcotique. On le donne avec succès toutes les fois qu'il s'agit de calmer de violentes douleurs : on peut répéter la même dose, au bout de trois heures, si la première n'a pas produit l'effet désiré.

Laudanum Liquide de Sydenham.

C'est une préparation d'opium, que l'on donne avec succès dans les coliques, les douleurs d'estomac, et en général toutes les fois qu'il s'agit de calmer de violentes douleurs. La dose la plus ordinaire est de douze à dix-huit gouttes dans quelques cuillerées d'eau tiède sucrée ou d'infusion de tilleul On peut, si les douleurs persistent, la répéter, en mettant une ou deux heures d'intervalle.

Pour calmer les grandes douleurs de deuts, on imbibe de laudanum un peu de coton, qu'on place dans la bouche, sur la dent qui fait souffrir. On en fait également couler dans l'oreille, mêlé avec de l'huile, pour les douleurs de cette partie. Pour les abcés très-douloureux, les panaris, on en répand quelques gouttes sur la surface des cataplasmes, pour diminuer la violence du mal.

Simarouba.

Ce médicament diffère de l'Ipécacuanha par sa vertu astringente, quoique, comme lui, il fasse vomir, mais à bien plus haute dose, et qu'il soit antidyssentérique.

Il est nuisible dans les dyssenteries inflammatoires, où il faut les émolliens, les mucilagineux ; il l'est également dans celles où les matières sont très-glaireuses, et où l'ipécacuanha réussit généralement.

Il est employé avec avantage dans les dyssenteries avec dissolution putride, comme celles qui suivent le scorbut, les fièvres intermittentes, les diarrhées rebelles, les flux de sang contractés dans les pays chauds, etc.

On le donne à la dose de trois à quatre gros bouillis dans une pinte et demie d'eau réduite d'un tiers : on y ajoute du sucre, et on en fait prendre trois tasses par jour.

Il peut aussi être mis avec la tisane de riz, à la même dose, ou être donné en lavement.

Poudre pour le Diascordium.

Cette poudre est employée dans les flux dyssentériques, les diarrhées. On en délaye deux pincées dans deux ou trois cuillerées de vin rouge ; on y ajoute six à huit gouttes de laudanum, et on les prend en se couchant.

Lorsqu'on est atteint de ces maladies, il faut se bien couvrir, s'envelopper de laine, si on le peut, éviter les variations brusques de l'atmosphère, le froid et l'humidité des nuits.

Le régime doit être tout maigre, comme : soupe aux herbes avec riz, des œufs, du poisson cuit à l'eau ; pour boisson, de l'eau de riz sucrée, à laquelle on ajoute trois gros de gomme arabique par pinte et une pincée de cannelle, et souvent un peu de vin rouge. Il faut quelquefois, dans le commencement, avoir recours à l'Ipécacuenha, qu'on donne en infusion : pour cela, on en met trois prises de quinze grains chaque à infuser, le soir, dans un verre d'eau bouillante, et, le lendemain, on fait avaler à jeun, en deux fois, après avoir passé à travers un linge.

Gomme Arabique.

La dissolution de gomme arabique est très-utile dans les toux opiniâtres. On en met à fondre une cuillerée à café dans une tasse d'infusion de fleurs pectorales bien sucrée, et on donne par cuillerée, de tems en tems. Elle convient très-bien dans les diarrhées, les dyssenteries. Une moyenne cuillerée de gomme et deux cuillerées de riz, bouillies dans une pinte et demie d'eau réduite à une pinte, font une très-bonne boisson dans ces cas.

Sucre.

L'expérience a constaté qu'il est le meilleur antidote de l'empoisonnement par le vert-de-gris, ou oxide de cuivre. Ce genre d'empoisonnement peut arriver souvent à bord, les ustensiles de cuisine étant tous en cuivre. Dans ce cas, il faut, sans tarder, donner du sucre en abondance. Il convient également de toutes les manières, soit en substance, soit en sirop, soit fondu dans l'eau. Le vomissement ayant lieu, il ne faut pas moins continuer à en faire prendre : il est même nécessaire de le donner en lavement, pour agir sur les parcelles de cuivre qui auraient pu passer dans les intestins.

———————

Les travaux auxquels sont assujettis les marins, les exposent à des chûtes fréquentes, d'où résultent des contusions, des plaies, des hémorragies, des entorses, des luxations, des fractures, des hernies, etc. Nous nous occuperons un moment de ces trois derniers accidens; quant aux autres, nous ne pourrions rien ajouter à ce que nous en avons dit, en passant en revue les remèdes externes.

Luxations.

La luxation est la sortie, par suite d'un effort violent ou d'une chûte, d'un os mobile de la place qu'il doit occuper naturellement.

Ceux des os qui sont le plus susceptibles de se déplacer, sont : l'os du bras; dans sa jointure avec l'épaule; celui de la cuisse avec l'os de la hanche; ensuite, ceux du poignet avec la main, du pied avec la jambe, et enfin du bras avec l'avant-bras, et de la jambe avec la cuisse.

Il nous est impossible de donner des régles précises sur la manière de remédier à chacune de ces luxations; mais cependant, comme le malade doit rester estropié, si on ne cherche pas à replacer l'os dans ses rapports naturels, nous pensons qu'il faut, aidé de son bon sens, essayer d'y parvenir. Pour cela, on compare avec attention les deux membres dont l'un est luxé, afin de s'assurer quelle est la différence qui existe entre eux, et quelle est la direction qu'a prise l'os déplacé. Ensuite, on fait saisir, par une personne robuste, ou par plusieurs, si le sujet est vigoureux, l'extrémité inférieure du membre, tandis qu'une ou deux autres sont chargées de fixer l'extrémité supérieure, ou plutôt le corps, qui doit rester immobile pendant l'opération. Si on doit agir sur l'articulation de l'épaule ou sur celle de la hanche, on se sert avec avantage d'une nappe ou d'un drap plié dans sa longueur, dont on place le milieu, ou sous l'aisselle, ou au pli de la cuisse.

Tout étant disposé, celui qui se charge de réduire, embrasse, de ses deux mains réunies, l'os déplacé; il fait tirer fortement sur l'extrémité inférieure, d'abord dans la direction qu'à prise le membre, puis dans celle qui convient pour rapprocher l'os déplacé de sa cavité. Lorsqu'il est arrivé à son niveau, il le soulève fortement, pour le reporter à sa place. On s'aperçoit bientôt, à la liberté des mouvemens, si on a réussi. Dans le cas contraire, il faut faire exécuter au membre des mouvemens de fronde, et recommencer les extensions. On est souvent obligé de s'y reprendre à plusieurs fois, surtout chez les gens forts et robustes.

Fractures.

Elles sont très-fréquentes à bord. Il suffit, pour les reconnaître, de comparer entre eux les deux membres, et dans leur forme, et dans leur longueur.

Lorsqu'un os est rompu, les muscles qui l'entourent, et qui sont les puissances qui lui impriment le mouvement, se contractent, et font chevaucher ses deux bouts l'un sur l'autre ; le membre devient plus court ; sa portion inférieure est susceptible de quelques mouvemens qui ne sont point imprimés à la supérieure, et qui, par le froissement des deux bouts de l'os, donnent lieu à une crépitation facile à entendre.

La nature se suffit à elle-même pour opérer la consolidation des fractures ; mais, pour qu'il n'y ait point de difformité, il faut qu'un moyen quelconque rétablisse et maintienne le contact perdu entre les fragmens. Pour y parvenir, on usera de toutes les ressources qu'on pourra avoir à bord.

Le malade étant couché horizontalement, dans un cadre à l'anglaise, le membre sera étendu et amené peu à peu à la longueur et à la forme de l'autre, puis on appliquera un bandage qui aura d'avance été arrangé sur le lit, à l'endroit où devra poser le membre. Ce bandage se composera :

1º D'un certain nombre de compresses ayant deux fois la longueur du membre, qui seront placées les unes sur les autres ;

de manière à ce qu'elles se recouvrent aux deux tiers, et à ce qu'on puisse commencer à appliquer celle d'en-bas la première ;

2° D'un petit drap plié, dans lequel on roulera, en dedans et en dehors une attelle ou planchette de la longueur du membre, et ayant deux pouces de largeur sur une épaisseur convenable ;

3° D'une troisième attelle, moins large, qu'on mettra en-dessus, à l'endroit de la fracture ;

4° Enfin de liens placés de distance en distance, pour maintenir le tout, et qu'on attachera en dehors.

Tout ce bandage ou appareil sera arrosé d'un mélange d'eau blanche et d'eau-de-vie camphrée. Il devra rester en place environ quarante jours, et, dans l'intervalle, il sera relevé quatre ou cinq fois, avec précaution, en faisant soutenir par quelqu'un l'extrémité inférieure du membre, auquel on évitera de faire exécuter le moindre mouvement, surtout vers les derniers tems du traitement.

Hernies.

S'il survient subitement à l'aine droite ou gauche une tumeur avec douleur, sans rougeur ni dureté, au moment d'une chûte sur les pieds, ou d'un effort violent, en manœuvrant ou en serrant les voiles, c'est une hernie ou descente.

Faites coucher le malade sur le dos, la tête et la poitrine légèrement fléchies sur le ventre, ainsi que les cuisses et les jambes; pressez doucement la tumeur, de dehors en dedans, pour faire rentrer ce qui est sorti. Si vous éprouvez trop de résistance, maintenez le malade dans cette position; mettez à la diète, et, pendant quelques heures, recouvrez la tumeur d'un cataplasme émollient: donnez un lavement. Essayez de nouveau, toujours avec douceur, il est probable que vous réussirez.

La tumeur réduite, appliquez un bandage herniaire dont la pelote doit être placée sur le centre du lieu où était la tumeur.

Scorbut.

Nous nous dispenserons de donner ici la description du scorbut; nous croyons qu'il suffit à MM. les Capitaines de savoir que la faiblesse générale du marin, qui se prononce de plus en plus, que l'indolence avec bouffissure, décoloration de la peau; que le gonflement des gencives, leur mollesse, la fœtidité de la salive, et la mobilité des dents en annoncent déjà le premier période.

Cette affection, dont les causes directes sont la privation trop continue des alimens frais, l'usage trop absolu des viandes salées,

trop souvent altérées, dépourvues de maté-
riaux nutritifs; et dont les causes indirectes
sont une température humide de l'atmosphère, chargée de brumes épaisses, de brouil-
lards qui diminuent ou suppriment la transpiration; les fatigues, suite des travaux forcés;
l'exposition à la pluie; l'air vicié qu'on res-
pire dans l'intérieur du navire, soit dans la
cale, soit dans l'entre-pont; l'ennui, la tris-
tesse : cette affection, dis-je, établit une
dégénérescence chronique dans tout le sys-
tème, avec tous les caractères d'une maladie
putride.

Cette dégénérescence se développe insensi-
blement sous l'influence essentiellement mor-
bide des deux sortes de causes que nous avons
énumérées. Sans entrer dans d'autres dévelop-
pemens, qui nous paraissent inutiles dans
cette instruction, nous nous bornons à con-
seiller :

1° Pour arrêter autant que possible les
progrès de la maladie, de suprimer l'usage
des viandes salées; de nourrir les malades
avec du riz, de l'oseille confite, du café bien
sucré, etc.; de les dispenser des quarts de
nuit, mais cependant de les obliger à un
travail modéré, le jour, en les forçant à se
bien couvrir;

2° Pour remédier au mauvais état de la

bouche, d'user de gargarismes avec l'eau et le vinaigre, avec la teinture ou esprit de cochléaria, la décoction de quinquina acidulée ou mêlée avec du vin.

Il est superflu de recommander l'usage, aussitôt que possible, des viandes et des végétaux frais. Si on mettait à terre, près d'une plage qui le permît, on pourrait donner avec succès des bains de sable chaud. M. Roblet, Chirurgien du vaisseau *le Solide*, dans l'expédition autour du monde que fit le Capitaine Marchand, les a employés le premier, et avec beaucoup d'avantages.

Secours à donner aux Noyés.

Il faut se hâter d'ôter les vêtemens de l'homme retiré de l'eau, sans trop l'agiter : pour cela, on les coupe, s'il est nécessaire. On le couche sur le côté droit, la tête un peu élevée ; on l'enveloppe de linge chaud, ou mieux d'une couverture de laine ; on fait sur le corps des frictions avec l'eau-de-vie camphrée chaude ; on stimule l'intérieur du nez avec l'ammoniaque liquide ; on donne des lavemens avec l'eau de mer chaude, avec l'eau animée par une petite quantité d'eau-de-vie ou de vinaigre.

Ces moyens sont préférables aux lavemens de fumée de tabac, si préconisés dans un tems, et dont les dangereux effets ont été reconnus. On ne doit jamais agiter ni rouler le noyé, encore moins le suspendre par les pieds.

Si la peau se colore, si le cœur se ranime, si on aperçoit un léger acte d'inspiration, il faut continuer les mêmes secours: c'est alors l'instant de laisser couler entre les lèvres quelques gouttes de vin chaud. Si la respiration se décide, on peut donner une cuillerée de vin, qu'on répète au besoin, en tenant toujours l'individu chaudement couvert.

Il ne faut pas se rebuter trop tôt: ce n'est souvent qu'au bout de plusieurs heures de soins qu'on voit la vie se ranimer.

Nantes, le 1.er Décembre 1820.

Les Membres de la Commission d'Examen,

DARBEFEUILLE, D.-M.,
Chirurgien en chef de l'Hôtel-Dieu.

ROUILLARD, D.-M.,
Ancien Chirurgien de 1.re classe de la Marine.

FRETAUD, *Maître en Pharmacie,*
Ex-Pharmacien à l'Armée de Saint-Domingue.